Oft erreiche ich ein Ziel gerade dann, wenn ich mich damit abgefunden habe, es zu verfehlen.

Die Erfahrung habe ich schon oft gemacht: Je wichtiger es mir ist, etwas zu erreichen, umso verkrampfter werde ich. Das kann für eine Prüfung gelten, für ein Vorstellungsgespräch oder eine Liebeserklärung. Gerade wenn die zukünftigen Schwiegereltern zum ersten Mal zu Besuch kommen, brennt das Essen an. Und wenn ich unbedingt früh einschlafen will, weil der Tag morgen so anstrengend wird, mache ich garantiert die ganze Nacht kein Auge zu.

Manchmal muss ich ein Ziel nur loslassen, um wieder leicht und locker zu werden. Ich habe mich gut auf die Prüfung vorbereitet, mehr kann ich jetzt nicht tun! Wenn ich den Job nicht bekomme, sollte es wohl nicht sein! Wenn er oder sie meine Liebe nicht erwidert, will ich das lieber heute als in einigen Monaten erfahren. Wenn die Schwiegereltern mich nur mit einem perfekten Essen akzeptieren, dann ist das ihr Problem. Und wenn ich nicht schlafen kann, lese ich noch ein paar Seiten.

Wenn ein anderer Erfolg hat, will ich mich einfach mit ihm freuen.

18

Es kann sehr anstrengend sein, meine Mitmenschen um jeden Erfolg zu beneiden. Es macht hart und einsam, ihnen nichts zu gönnen. Es setzt mich gewaltig unter Druck, wenn ich immer mehr haben oder alles besser können will als andere.

Manche Menschen bekommen sofort schlechte Laune, wenn sie den Nachbarn in einem neuen Sportwagen vorfahren sehen, wenn ein Kollege befördert wurde, ein Verwandter ein Haus in den Bergen kauft oder die Tochter des Gastwirts um die Ecke einen Schönheitswettbewerb gewinnt.

Es gibt ein relativ einfaches Mittel, den Neid in Freude zu verwandeln: Ich freue mich mit! Ich gratuliere dem Nachbarn zu seinem neuen Auto und dem Kollegen zur Beförderung und freue mich mit. Ich lasse mir von dem neuen Haus vorschwärmen und freue mich mit. Ich lasse mir einen Drink auf die schöne Tochter spendieren und freue mich mit. Und je mehr ich mich mitfreue, umso weniger muss ich das alles auch erreichen.

Das Leben wird schwer und anstrengend, wenn ich meine Probleme nur lange genug ignoriere.

Jeder Mensch hat Probleme. Jeder Mensch findet Hindernisse auf seinem Weg vor. Jeder muss die Erfahrung machen, dass wir nicht im Paradies leben. Doch die meisten Probleme sind am Anfang klein und überschaubar. Dann ist die Zeit, sie ohne übermäßig großen Aufwand zu lösen.

Aber viele Menschen haben Probleme mit ihren Problemen. Sie wollen sie nicht wahrhaben. Sie schieben sie vor sich her. Sie laufen vor ihnen davon. Oder sie denken ständig an sie, aber packen sie nicht beherzt an.

Ich muss nur lange genug warten, dann wird auch ein kleines Problem zu einer großen Krise. Ich muss nur lange genug ausweichen, dann wird es zu einem Ungeheuer, das mir Angst einjagt und den Schlaf raubt.

Deshalb stelle ich mich jedem Problem sofort. Ich suche gleich eine Aussprache mit dem Partner, gehe gleich zum Arzt, ändere gleich mein Verhalten oder setze gleich deutliche Grenzen. War alles gar nicht so schlimm!

Hoffentlich habe ich noch nicht vergessen, was mir wirklich Spaß macht.

Früher als Kind wusste ich genau, was mir Spaß machte. Ich ging gern schwimmen, spielte mit den anderen Kindern im Park, beschäftigte mich begeistert mit einer kniffligen Aufgabe oder las in einem aufregenden Buch.

Später tat ich immer häufiger Dinge, die mir keinen Spaß machten. Ich arbeitete verbissen, um mehr Geld zu verdienen. Ich redete klug, um anderen zu imponieren. Ich ging aus und trank, um mich abzulenken. Ich setzte mich vor den Fernseher, statt selber kreativ und lebendig zu sein. Und allzu häufig rede ich vom Spaß, aber meine in Wirklichkeit meine Angst oder meine Bequemlichkeit.

Ob ich noch weiß, was mir Spaß macht? Tief in mir werde ich hoffentlich eine Antwort finden. Und ich werde feststellen, dass mein inneres Kind immer noch ausgelassen, fröhlich und begeistert sein kann.

Am schönsten sind die Augenblicke, in denen ich in die Sterne schaue ohne zu fragen, um welches Sternbild es sich handelt.

21

Ich interessiere mich rege für geschichtliche, physikalische, biologische, medizinische und psychologische Fragen. Ich will wissen, weshalb etwas so ist und nicht anders. Ich will Gesetzmäßigkeiten kennen und Zusammenhänge verstehen.
Doch manchmal empfinde ich dieses Interesse auch als hinderlich für mein Leben. Ja, dem eigentlichen Leben werde ich mit wissenschaftlichen Erklärungen nicht näher kommen. Wenn ich mich am Strand über einen schönen Stein freue, macht es mich nicht glücklicher, wenn ich herausfinde, wie er sich zusammensetzt. Wenn ich voller Ergriffenheit erlebe, wie die Sonne langsam untergeht, interessiere ich mich nicht dafür, welche Temperatur auf der Sonnenoberfläche herrscht. Und wenn mir jemand sagt: „Ich liebe dich!“, dann will ich nicht herausfinden, welche Gehirnregionen an dieser Aussage beteiligt waren.

Wie gut, dass das Leben aus so vielen unterschiedlichen Farben besteht!

Manchmal leide ich darunter, dass meine Fähigkeiten begrenzt sind. Doch ich muss nicht alles können. Es gibt andere Menschen, die besser singen, interessanter erzählen oder besser tischlern können als ich. Und erst so wird unsere Welt interessant und farbenprächtig.

Manchmal bewundere ich die bunten Paradiesvögel, die gleich mit jedem Kontakt haben. Doch dafür bin ich zuverlässig und bodenständig. Es gibt Menschen, die stets von ihren politischen Theorien reden und andere, die gern und fröhlich lachen. Manche haben ständig neue, interessante Ideen und andere sind optimistisch und fest davon überzeugt, dass ihnen alles gelingt.

Wie gut, dass nicht alle gleich sind! Was für ein Reichtum, dass die Menschen so unterschiedlich sind! Und wie schön, dass ich mich darüber freuen kann!

Ich kann gut damit leben, Fehler zu machen.

23

Früher konnte ich es nicht ertragen, etwas falsch zu machen. Über jeden Fehler regte ich mich furchtbar auf. Ich war selbst mein größter Kritiker und stellte äußerst hohe Anforderungen an mich.

Doch es ist sehr anstrengend, ein Perfektionist zu sein. Es erzeugt großen Druck, alles richtig machen zu wollen. Es belastet, wenn die eigenen Maßstäbe zu streng sind.

So musste ich mühsam lernen, dass ich ein fehlbarer Mensch bin. Es dauerte einige Zeit, bis ich auch mir gegenüber großzügiger sein konnte. Und auch heute ärgere ich mich noch manchmal, wenn ich etwas falsch mache. Doch ich akzeptiere mich inzwischen so, wie ich bin, mit all meinen Mängeln und Fehlern. Ja, ich finde es höchst menschlich, immer wieder einmal an meine Grenzen zu stoßen, eine Niederlage einzustecken oder Fehler zu machen.

Ich will die Verletzungen, die mir zugefügt wurden, heilen lassen.

24

Wenn es mir schlecht geht oder wenn ich bedrückt bin und nur noch Probleme sehe, finde ich schnell die Schuld bei anderen, die mir in der Vergangenheit übel mitgespielt haben: Mein Vater war entweder abwesend oder hat mich nie allein entscheiden lassen. Meine Mutter hat mich nicht losgelassen. Eine Lehrerin hat gesagt, ich sei völlig unfähig. Ein Freund hat mich betrogen. Ein Nachbar hat mich tyrannisiert. Eine Arbeitskollegin hat mich gemobbt. Eine Freundin hat mich lächerlich gemacht. Mein Partner hat mich verlassen.

Natürlich hat es wehgetan. Und meine Wut ist berechtigt. Aber auch die schwerste Verletzung muss einmal heilen, sonst beeinträchtigt sie mich mein Leben lang.

Wenn ich mich endlich selbst achte und liebe, dann höre ich auch damit auf, voller Selbstmitleid in die Vergangenheit zu blicken.

Ich will keine Gelegenheit auslassen, von Herzen zu lachen.

25 Wann habe ich zum letzten Mal gelacht, so richtig befreit gelacht? Ich muss nachdenken. Vielleicht heute Morgen, als ich die Zeitung las? Nein, das war allenfalls ein zaghaftes Lächeln. Gestern Abend bei unseren Freunden? Nein, da war ich eher ernst, wie so oft in letzter Zeit.

Früher, in meiner Kindheit und Jugend, habe ich oft und gern gelacht. Manchmal musste ich mich ausschütten vor Lachen. Ich lachte, wenn andere mir von komischen Begebenheiten erzählten, und ich lachte, wenn ich selbst etwas Lustiges erlebte.

Ich lachte auch dann, wenn es keinen sichtbaren Grund gab. Und oft hat mich das Lachen regelrecht erleichtert. Meine Güte, das muss doch auch heute noch möglich sein! Ich merke zum Glück immer wieder einmal, wie gut es mir tut, fröhlich zu sein und zu lachen. Ich merke, dass es mich von düsteren oder allzu ernsten Gedanken befreit. Hinterher fühle ich mich dann wie ausgewechselt.

Vor allem will ich, so oft wie möglich, über mich selber lachen.

Lachen tut gut. Lachen ist gesund. Lachen befreit. Und meistens lache ich über andere. Ich lache, wenn jemandem ein Missgeschick passiert. Ich lache über professionelle Spaßmacher oder über einen witzigen Film. Ich lache über einen guten Witz.
Noch befreiender und wohltuender ist es, wenn ich über mich selbst lache. Eine Niederlage verkrafte ich am Besten, wenn ich mit einigem Abstand über mich und meine verzweifelten Siegesbemühungen lachen kann. Ein Missgeschick ist nur noch halb so schlimm, wenn ich in das Lachen der anderen einstimme. Eine dumme Angewohnheit werde ich am schnellsten wieder los, wenn ich mich wie einen Fremden beobachte und erfasse, wie komisch ich auf andere wirken muss. Und spätestens dann, wenn ich mich, meine Arbeit und meine Probleme wieder einmal gar zu wichtig nehme, ist es höchste Zeit, wieder einmal laut über mich zu lachen.

Ich will damit aufhören, mir ständig Sorgen zu machen.

Es ist notwendig, die wichtigen Dinge im Leben sinnvoll zu planen und gut vorzubereiten. Auch dann wird nicht alles, aber doch das meiste gelingen.

Wenn ich mir Sorgen mache, dann hat das nichts mit einer guten Planung zu tun. Wenn ich mir Sorgen mache, kreisen meine Gedanken ständig um eine Sache, ohne auf den Punkt zu kommen. Wenn ich mir Sorgen mache, male ich mir aus, was alles passieren könnte. Wenn ich mir Sorgen mache, kann ich nicht schlafen und bin am nächsten Morgen zu müde, das zu tun, was jetzt wichtig wäre. Wenn ich mir Sorgen mache, übergebe ich das Heft an meinen inneren Quälgeist und fühle mich seltsam hilflos und ausgeliefert.

Ich will mir das Leben nicht weiterhin dadurch erschweren, dass ich grüble und mir Sorgen mache. Ich will tun, was ich tun kann, und dann darauf vertrauen, dass alles gut geht.

Wenn ich arbeite, will ich es so konzentriert wie möglich tun. Und ab und zu mache ich eine Pause.

Es gehört heute fast zum guten Ton, über zu viel Arbeit zu klagen. Und ich kenne es gut, dass ich aufräume oder am Schreibtisch sitze und kein Ende finde. Abends fühle ich mich völlig zerschlagen. Aber ich bin davon überzeugt, dass ich sehr fleißig war und viel geschafft habe.

Doch wenn ich kritisch auf den Tag zurückblicke, wird mir deutlich, dass ich viel mehr hätte schaffen können, und zwar in weniger Zeit! Wie oft war ich nicht ganz bei der Sache! Wie oft schweiften meine Gedanken ab! Wie oft sprangen meine Gedanken von einer Aufgabe zur anderen und wieder zurück! Wie oft blickte ich verträumt aus dem Fenster! Und in den letzten Stunden fehlte mir jede Konzentration.

Wahrscheinlich hätte ich mein Pensum auch in der halben Zeit schaffen können. Ich hätte mehrere Pausen eingelegt und danach jeweils erfrischt weitergemacht. Und ich hätte früher Schluss machen und einen gemütlichen Abend verbringen können.

Ich will nicht länger auf jedes Versprechen der Werbung hereinfallen.

Wenn es nach der Werbung geht, würde das Leben viel einfacher und zugleich aufregender sein. Dank meines Parfüms wäre ich unwiderstehlich. Mit meinem neuen Auto würde ich mich frei wie ein Vogel fühlen. Durch das richtige Reinigungsmittel wäre das Saubermachen ein Kinderspiel. Mit dem entsprechenden Getränk würde ich mich wie ein Weltenbummler fühlen. Und die richtige Versicherung würde mir die meisten meiner Probleme abnehmen.

Die Werbung spricht meine Träume und Sehnsüchte an. Doch ich weiß genau, dass sie durch die angebotenen Produkte nicht erfüllt werden! Im Gegenteil! Ich gebe viel zu viel Geld für Dinge aus, die ich nicht brauche und die mich nur davon ablenken, wirklich und intensiv zu leben.

Ich will fragen, was meine Seele wirklich braucht. Ich will ihre Sehnsucht ernst nehmen und mich nicht länger mit Ersatzlösungen zufrieden geben.

Ich will mich seltener als bisher an meine Pflicht erinnern lassen.

Ein erfülltes, verantwortliches Leben besteht nicht nur aus Spaß und Kür. Je reifer ein Mensch ist, umso selbstverständlicher akzeptiert er, dass es auch die Pflicht gibt. Ich trage Verantwortung für meine Familie. Ich habe meine Pflicht gegenüber dem Arbeitgeber zu erfüllen. Ich habe Gesetze einzuhalten. Und ich habe zusätzlich einige Pflichten freiwillig übernommen. Damit kann ich gut leben.
Doch ich brauche keine Mitmenschen, die mich an eine Pflicht erinnern und damit unter Druck setzen wollen. Ich brauche niemanden, der mir sagt, was „man“ tut, wie oft „man“ seinen Rasen zu mähen hat, wie „man“ seine Kinder erziehen muss und wie „man“ sich kleidet. Ich brauche niemanden, der mich unter Druck setzt, auch wenn er es noch so gut meint. Und ich habe mich endgültig entschieden, es nicht mehr allen recht machen zu wollen.

Ich mag mich auch dann, wenn ich gar nichts tue.

31 Was erwarte ich von mir? Dass ich ein großes Ziel habe und dieses Ziel unbeirrt verfolge? Dass ich Erfolge anstrebe und dafür bereit bin, große Opfer zu bringen? Dass ich fröhlich bin und Optimismus verbreite? Dass ich meine Fähigkeiten systematisch weiterentwickle? Dass ich jedes Problem sofort beherzt angehe und löse? Dass ich regelmäßig Sport treibe? Dass ich meine Wohnung in Ordnung halte? Dass ich Freundschaften schließe und pflege? Dass ich immer in Bewegung bin?

Ich kann auch zu viel von mir erwarten. Und wenn ich all den verinnerlichten Forderungen nachgebe, werde ich mich über alle Maßen belasten, bis ich nicht mehr kann!

Ich brauche Entlastung. Und die beginnt damit, dass ich das innere Bild von mir verändere: Ich bin auch dann wertvoll, wenn ich ab und zu gar nichts tue.

Ich will alle Jahreszeiten genießen, statt monatelang auf den Frühling zu warten.

32

Ich warte gern auf etwas, wenn dieses Warten mit Vorfreude verbunden ist: Ich warte auf unser Treffen am Wochenende? Nein, ich warte nicht nur, ich freue mich auf das Wochenende. Ich freue mich auf die Urlaubsreise. Ich freue mich auf den Film heute Abend. Ich freue mich auf den Frühling.

Ansonsten warte ich nicht gern. Denn wenn ich warte, bin ich innerlich so sehr mit dem beschäftigt, was in der Zukunft stattfinden wird, dass ich die Gegenwart verpasse. Darum nutze ich die Zeit im Wartezimmer des Arztes gern dafür, ein interessantes Buch zu lesen. Wenn ich aufgerufen werde, denke ich manchmal: Schade, bin ich schon dran?

Ich will nicht warten, weder auf das Wochenende noch auf den Frühling, weder auf das Wiedersehen noch auf den Urlaub, weder auf das Abendessen noch auf meine Pensionierung. Ich will nicht warten, denn ich lebe jetzt.

Ich will in meinem Leben die richtige Balance finden zwischen Genießen und Verzichten.

Immer nur Genießen, das könnte ich gar nicht aushalten. Ich würde dick und träge werden. Ich würde die kleinen, einfachen Dinge gar nicht mehr registrieren. Und sobald das Genießen alltäglich wäre, müssten die Reize und Genüsse immer exklusiver und ausgefallener sein.

Immer nur Verzichten, da könnten mich meine Mitmenschen bald nicht mehr ertragen. Immer nur an die schlanke Linie denken, der Werbung widerstehen und den Hungernden meine Solidarität bekunden, das wäre ein blutarmes, freudloses Leben.

Ich will beides, Genießen und Verzichten. Ich will verzichten, um nicht abhängig zu werden, um die Bodenhaftung zu behalten und mich auf andere Dinge konzentrieren zu können. Ich will auch deshalb verzichten, damit ich mich wieder intensiv auf das Genießen freuen kann. Und ich will genießen, weil ich das Leben und seine vielen guten Gaben liebe.

Ich will nicht traurig sein über das, was ich verloren habe, sondern mich freuen über das, was ich heute habe.

Natürlich bin ich erst einmal traurig, wenn ich etwas verloren habe, das für mich wertvoll war. Ich traure über den Verlust eines geliebten Menschen. Ich ärgere mich über meine unerwartete Entlassung. Ich vermisse meine Jugend und Beweglichkeit. Ich beweine das Ende einer guten Freundschaft. Ich bin traurig, dass ich mir eine teure Wohnung nicht leisten kann.

Doch ich will mein zukünftiges Leben nicht in der Vergangenheit verbringen. Ich will nicht nur auf das blicken, was mir weh tut und was ich verloren habe. Ich will mir das Leben nicht unnötig schwer machen.

Schließlich habe ich nicht alles verloren. Ich lebe noch. Ich habe noch Menschen, die mich lieben. Ich kann mich noch satt essen. Ich habe noch ein Dach über dem Kopf. Ich habe noch Ideen und Fähigkeiten. Und bald habe ich auch meinen Humor und meine Lebensfreude wieder gefunden.

35

Ich will häufiger als bisher die Musik hören, die mir wirklich gefällt.

Viele Jahre lang habe ich vor allem das getan, was andre wollten. Ich bin dorthin in Urlaub gefahren, wo die Kinder die besten Spielmöglichkeiten hatten. Ich habe das gegessen, was die Familie gern mochte. Ich habe meine Freizeit so verbracht, wie es meinem Partner gefiel. Ich habe das getan, was meine Freunde tun wollten. Immer weniger wusste ich, was ich selbst tun wollte, was mich interessierte, wovon ich begeistert war, was mir Spaß machte und was mir wichtig war. Und je weniger ich wusste, was ich wollte, umso schwieriger fielen mir alle Entscheidungen.

So fing ich an herauszufinden, was mir wirklich gefällt. Ich konzentrierte mich auf meinen eigenen Geschmack und nicht länger auf den der anderen. Und ich fing an mitzuentscheiden, wohin die Reise geht und was die Musik spielt. Und immer öfter fragen die anderen jetzt, was mich denn interessiert.

Ab und zu will ich etwas tun, was verboten ist.

Als Kind habe ich gelernt, immer brav und folgsam zu sein. Mir wurde beigebracht, dass ich den Eltern und Lehrern nicht widerspreche. Ich wurde zu Höflichkeit, Ehrlichkeit und Ordnung erzogen. Das hat mich tief geprägt, und es ist mir heute noch wichtig, gewisse Regeln zu befolgen. Ich halte mich an die Gesetze. Ich versuche, zu jedem freundlich zu sein. Ich bin hilfsbereit und halte meine Versprechen.

Doch manchmal, so muss ich gestehen, begehre ich gegen die vielen Regeln, Vorschriften, Gesetze und Paragraphen auf. Manchmal ignoriere ich das kleine rote Männchen, wenn weit und breit kein Auto zu sehen ist. Ich ignoriere das Schild: „Zutritt verboten" vor dem Eingang des Veranstaltungszentrums und schlendere zum Empfang für die Prominenten. Ich benutze die Kundentoilette, obwohl ich kein Kunde bin, und manchmal singe ich nachts auf der Straße, obwohl das ganz bestimmt auch verboten ist.

Zeit ist Geld, so heißt es. Doch dafür ist mir meine Zeit, ehrlich gesagt, zu schade!

Manche Menschen fragen bei jeder Sache, was sie ihnen einbringt. Sie tun für andere nichts ohne eine Gegenleistung oder eine angemessene Bezahlung. Ja, selbst jede Freundschaft beurteilen sie danach, was sie ihnen einbringt.

Diese Menschen werden einige der schönsten Seiten des Lebens niemals kennen lernen. Sie werden nicht erfahren, was es bedeuten kann, ziellos unterwegs zu sein und sich vom Leben überraschen zu lassen. Sie werden es nicht genießen können, langsamer zu leben, Zeit zu vertrödeln oder gar nichts zu tun.

Ich habe mich entschieden, nicht nur nach dem Zeitplanbuch zu leben, sondern jede Stunde so produktiv wie möglich zu verbringen. Ich möchte meine Zeit auch genießen können und immer wieder einmal einige Stunden an meine Mitmenschen verschenken.

Manchmal fühle ich mich dann besonders leicht, wenn ich eine schwere Aufgabe gelöst habe.

Es kommt vor, dass ich eine wichtige Aufgabe lange vor mir herschiebe. Eine Ausrede dafür finde ich immer: Jetzt bin ich nicht in der richtigen Stimmung. Ich mache erst einmal etwas anderes – Gut Ding will Weile haben – Im Augenblick bin ich etwas müde – Ich muss erst einmal alles sacken lassen.

Natürlich wird die Aufgabe von Tag zu Tag gewaltiger und schwieriger. Irgendwann mag ich gar nicht mehr daran denken und denke doch an nichts anderes. Nicht nur die wichtige Aufgabe steht drohend vor mir, mein ganzes Leben erscheint mir unendlich schwer. Ich stehe unter Stress, obwohl ich eigentlich gar nichts tue.

Dann löse ich die Aufgabe doch. Ich habe mir einen Ruck gegeben und einfach angefangen. Hinterher habe ich ein wunderbares Gefühl. Ich bin stolz und spüre, dass eine schwere Last von mir genommen ist. Ich bin kein bisschen gestresst. Das Leben ist wunderbar.

Ich will auf meine schlanke Linie achten, wenigstens manchmal!

Ich fühle mich oft dadurch belastet, dass etwas in meinem Leben ausufert. Ich esse viel zu viel, besonders von dem, was ungesund ist. Ich kaufe Dinge, die ich nun wirklich nicht brauche. Ich verbringe viel zu viel Zeit vor dem Fernseher. Ich bin Verpflichtungen eingegangen, die mir nicht gut tun. Ich habe einen viel zu vollen Terminkalender. Ich habe von allem zu viel.

Ich werde manches zurückschrauben. Ich werde weniger und gesünder essen. Ich werde weniger kaufen. Ich werde weniger fernsehen. Ich werde meine Termine reduzieren. Ich werde nach dem Motto leben, dass weniger mehr ist.

Und dann? Lebe ich dann nur noch gesund und vernünftig? Bin ich dann völlig konsequent? Hoffentlich nicht! Ab und zu gönne ich mir einen Schlemmertag. Manchmal sitze ich noch träge vor dem Fernseher und schaue mir drei Filme hintereinander an. Und einmal im Jahr gehe ich los und kaufe völlig unnötige Sachen.

Nichts ist schlimmer, als ständig in der Angst zu leben, mich zu blamieren.

Angst ist kein guter Wegbegleiter. Wenn ich Angst habe, einen Fehler zu machen, dann ist die Wahrscheinlichkeit groß, dass es tatsächlich so kommt. Die Angst hindert mich daran, eine Aufgabe mit klarem Kopf zu lösen. Angst drückt nieder und macht klein. Angst macht das Leben schwer.

Nun kann ich vielleicht entgegnen: „Ich brauche keine Angst vor einem Fehler zu haben. Ich kann es ja noch einmal versuchen. Die Hauptsache ist doch, dass die anderen meinen Fehler nicht bemerken!" Doch damit habe ich noch eine Steigerung meiner Angst entdeckt: Was ist, wenn ich einen Fehler mache und mich damit blamiere?

Je mehr Angst ich habe, je geringer mein Selbstwertgefühl ist, je weniger ich über mich selbst lachen kann, umso häufiger werde ich mich blamieren. Was hilft? Ein wenig mehr Gelassenheit, bitte!

Manchmal kann ich Leichtigkeit nur dadurch erreichen, dass ich Abstand gewinne zu dem, was mir das Leben schwer macht.

41

Probleme gibt es in jedem Leben: Ich weiß nicht, wie ich in den nächsten Monaten finanziell über die Runden komme. Ich traue mich nicht, das entscheidende Gespräch mit meinem Vorgesetzten zu führen. Ich finde keinen Weg, meine Abhängigkeit zu besiegen. Ich verspüre immer weniger Lebensfreude in mir. Ich bin völlig mit meiner Familie zerstritten.

Manchmal ist es deshalb so schwer, mit diesen Problemen umzugehen, weil ich hoffnungslos in ihnen gefangen bin. Ich habe keinen neutralen Ort, von dem aus ich sie betrachten kann. Mir fehlt der Abstand.

Dann brauche ich Urlaub von meinem Problem. Vielleicht fahre ich weg. Vielleicht „vergesse" ich die verfahrene Situation für einige Zeit. Vielleicht beschäftige ich mich in den nächsten Tagen mit völlig anderen Dingen. Und vielleicht sieht hinterher alles gar nicht mehr so schlimm aus.

Lieber eine Frage, die mir wirklich wichtig ist, als tausend Antworten, die mich nicht interessieren.

Manchmal verbringe ich viel Zeit damit, in irgendwelchen Zeitungen, Zeitschriften oder Magazinen zu lesen. Manchmal schaue ich mir im Fernsehen stundenlang banale Sendungen an. Manchmal höre ich einen ganzen Abend lang zu, wie jemand mir zum wiederholten Male seine Lebensgeschichte erzählt.
Warum nur stopfe ich mich mit Gedanken und Informationen voll, die mich nicht interessieren und die ich sowieso bald wieder vergesse? Warum beschäftige ich mich mit Dingen, die mir nicht gut tun, die mich nicht begeistern und die mich in meinem Leben keinen Schritt weiterbringen?
Ich will in Zukunft besser auswählen. Ich will herausfinden, was meine Themen sind. Ich will lernen, die richtigen Fragen zu stellen. Ich will mehr in die Tiefe dringen, statt immer nur an der Oberfläche zu bleiben. Und ich will nicht mehr allen Menschen gestatten, mich zu langweilen.

Es muss nicht sein. Gar nichts muss sein. Und trotzdem ist es mehr als genug.

43

Schon früh wurde mir beigebracht, wie wichtig das Wort „muss" ist. Ich muss gehorchen, ich muss fleißig sein, ich muss auf den Verkehr aufpassen, wenn ich über die Straße gehe, ich muss mich durchsetzen, wenn ich etwas erreichen will, ich muss die Zeit nutzen, ich muss meine Finanzen im Griff haben, ich muss warten können.

Später erweiterte ich diese Liste: Ich muss gut verdienen, wenn ich das Leben genießen will. Ich muss tun, was ich mir vorgenommen habe. Ich muss mich auf alle Eventualitäten vorbereiten. Ich muss optimistisch in die Zukunft blicken. Und weiter: Ich muss alles haben. Ich muss alles wissen. Ich muss überall dabei sein. Ich muss in alle Länder reisen. Ich muss immer glücklich sein.

Jetzt lerne ich mühsam, das Wort „muss" wieder aus meinem Sprachschatz zu verbannen. Und ich spüre eine nie gekannte Freiheit und Leichtigkeit.

Manchmal ist es wichtig, den Keller zu entrümpeln, um unter dem Dach wieder frei leben zu können.

Ich spüre deutlich, wenn die Zeit gekommen ist, bei uns zu Hause wieder einmal aufzuräumen. Ich merke es daran, dass ich mich eingeengt und belastet fühle. Mir kommt es vor, als könnte ich nicht mehr frei atmen.
Manchmal reicht es dann aus, den Keller auszumisten, die alten Kleidungsstücke auszusortieren oder auf meinem Schreibtisch wieder Platz zu schaffen. Manchmal aber muss ich mich auch von alten Erinnerungsstücken oder von einem Möbelstück, das ständig im Weg steht, trennen.
Es kommt vor, dass diese Aktion nicht ausreicht. Dann muss ich auch in mir aufräumen. Da sind alte Pläne und Ideen, die längst überholt sind, an denen ich aber immer noch festgehalten habe. Da sind Verletzungen, die ich nicht habe heilen lassen. Und da sind Ängste, Vorwürfe, Vorbehalte und Verstrickungen, die längst auf den Müll gehören.

Erfolgreiche Menschen sind häufig besonders bescheiden.

45

Die Zeitungen sind voll von Berichten über Stars und Sternchen, Politiker und Spitzenmanager, die sich maßlos überschätzen, völlig überzogene Ansprüche haben, arrogant sind und jede Bodenhaftung verloren haben. Und sicherlich ist der Umgang mit Macht, Öffentlichkeit, Erfolg und Geld äußerst gefährlich für den Charakter.

Doch ich habe auch sehr erfolgreiche Menschen kennen gelernt, die diesem Bild überhaupt nicht entsprachen. Die meisten waren erstaunlich schlicht und bescheiden und erwarteten keine Sonderbehandlung. Sie mussten sich und anderen nichts mehr beweisen. Sie ruhten in sich selbst. Sie waren dankbar für das, was sie erreicht hatten, und nahmen nichts als selbstverständlich hin.

Ich habe erlebt, wie solche Erfolgsmenschen sich in den Dienst einer guten Sache gestellt haben, ohne dabei selbst im Mittelpunkt stehen zu müssen. Und auch die einfachsten Mitmenschen wurden von ihnen mit großem Respekt behandelt.

Warum soll ich die Welt kennen lernen, wenn ich mich selbst noch nicht kenne?

Viele Menschen sind ständig irgendwo in der Welt unterwegs: Festspiele oder Kreuzfahrten, Empfänge und Sportveranstaltungen, Premieren und Konzerte, Madrid oder die Toskana, London oder die Bahamas.

Sicher, es ist schön, zu verreisen und die Welt kennen zu lernen, den eigenen Horizont zu erweitern und mitreden zu können. Aber es ist nur dann sinnvoll zu verreisen, wenn ich weiß, wo ich zu Hause bin. Es ist nur dann bereichernd, neue Menschen kennen zu lernen, wenn ich weiß, wer ich bin. Es tut nur dann gut, Trubel zu erleben und unter Menschen zu sein, wenn ich mich selbst mag und aushalten kann. Ich habe nur dann Gewinn von einer Reise in die weite Welt, wenn ich meine eigene Umgebung kenne und wenn ich mir auch Zeit für die Reise in meine innere Welt nehme.

Es tut gut, offen und ehrlich mit einem Menschen zu reden, ohne Angst und Vorbehalte.

Wie oft kommt es vor, dass ich mit jemandem Geschäfte mache und ganz genau aufpassen muss, dass ich nicht den Kürzeren ziehe! Wie oft habe ich schon jemandem etwas ganz vertraulich erzählt und musste einige Tage später feststellen, dass es schon die Runde gemacht hat! Wie oft habe ich schon über persönliche Dinge geredet und wurde hinterher dafür belächelt! Wie oft habe ich schon jemandem auf seinen Wunsch hin offen die Meinung gesagt und wurde hinterher dafür abgestraft!

Deshalb weiß ich jene Menschen besonders zu schätzen, denen ich ohne Vorbehalte vertrauen kann. Ich suche die Gemeinschaft derer, die auch zu mir offen und ehrlich sind. Ich bin gern mit Menschen zusammen, bei denen ich nicht jedes Wort auf die Goldwaage legen muss. Und ich genieße es, wenn wir ohne Angst auch über sehr persönliche Dinge reden können.

Es tut weh, auf einen Teil vom gewohnten Luxus zu verzichten. Es tut weh und es tut gut!

An einen gewissen Lebensstandard kann man sich sehr schnell gewöhnen. Und auch Luxus kann irgendwann selbstverständlich werden. Wenn das Einkommen steigt, steigen die Ansprüche in den meisten Fällen gleich mit. Ohne das Auto ist ein Leben bald nicht mehr vorstellbar. Und wer es gewohnt ist, im Luxushotel abzusteigen, rümpft wahrscheinlich bei einem einfachen Gasthof die Nase.

Viele Menschen sind gezwungen, von ihrem Lebensstandard Abschied zu nehmen, weil sie arbeitslos geworden sind oder deutlich weniger verdienen als früher. Andere müssen Abstriche machen, weil sie jahrelang über ihre Verhältnisse gelebt haben. Die meisten sehen es als großen Verlust und als Niederlage an. Manche jedoch verzichten freiwillig. Sie haben festgestellt, dass ihnen zu viel Wohlstand und Luxus nicht gut tut. Sie lernen, wieder einfacher zu leben. Für sie ist das ein Gewinn und ein Sieg über ihre Ansprüche.

Am Ende meines Lebens werde ich lieber an einen Sonnenaufgang denken als an meine letzte Steuererklärung.

Was ist mir wirklich wichtig? Was tut mir gut? Wo fühle ich mich wohl? Was wünsche ich mir? Wann fühle ich mich frei und lebendig? Was sind die glücklichsten Augenblicke meines Lebens?
Viel zu selten stelle ich mir diese Fragen. Spätestens, wenn der Alltag wieder beginnt, wenn der Schreibtisch übervoll ist, wenn der Abgabetermin naht, wenn ich vor lauter Arbeit nicht mehr weiß, wo mir der Kopf steht, spätestens dann habe ich diese Fragen vergessen oder in meiner Schreibtischschublade eingeschlossen. Schließlich muss ich dann Wichtigeres tun.
Wirklich? Ich glaube nicht. Das heißt, jetzt glaube ich es nicht. Doch immer dann, wenn ich so viel zu tun habe, ist alles andere unwichtig. Dann grabe ich mich ein, bis kein Herzblut mehr in meiner Seele fließt. Schade um die Zeit! Schade um das schöne Leben!

Wenn es den ganzen Tag lang regnet, will ich mich einfach über den Regen freuen!

Oft kommt es anders, als ich es geplant oder gewünscht habe. Der erwartete Besuch erscheint doch nicht und der Kuchen steht einsam auf dem Esstisch. In der Kinokasse hängt das Schild „Die Vorstellung ist ausverkauft", und wir hatten uns so auf den Film gefreut. Bei dem Tennisturnier von unserem Verein scheide ich bereits im ersten Spiel aus. Und im Urlaub ist unser Lieblingshotel leider schon belegt.

Ich kann mich ärgern und traurig sein. Oder ich kann das Beste aus der Situation machen: Wir laden unsere Nachbarn zu einem spontanen Kaffeetrinken ein und lassen uns gemeinsam den Kuchen schmecken. Wir nutzen den angebrochenen Abend und machen noch einen schönen Spaziergang. Ich freue mich, bei den anderen Spielen des Turniers zuschauen zu können. Und im Urlaub probieren wir ein anderes Hotel aus und sparen sogar noch eine Menge Geld.

Ich will den Rhythmus des Lebens jeden Tag neu akzeptieren.

51

Manchmal hängt mir der lange Winter so zum Halse raus, dass ich am liebsten sofort auf eine Insel im Süden fliegen würde. Manchmal kämpfe ich am frühen Nachmittag verzweifelt gegen meine Müdigkeit an und versuche, trotzdem eine Höchstleistung zu vollbringen. Manchmal halte ich es kaum aus, dass meine Leistungsfähigkeit von Jahr zu Jahr nachlässt. Manchmal möchte ich die Nacht zum Tag machen, immer glücklich sein oder stets als Erster durchs Ziel kommen.

Doch ich weiß, dass es sinnlos ist, gegen den natürlichen Lebensrhythmus anzukämpfen. Ich werde diesen Kampf auf Dauer immer verlieren und mir das Leben unnötig schwer machen. Also versuche ich, mich mit dem Winter anzufreunden. Ich akzeptiere meine Tiefpunkte und mein Älterwerden, meine Müdigkeit und meine Niederlagen. Und ich lebe mit der Erkenntnis, dass kein Mensch der Welt immer glücklich sein kann.

Ich will nicht länger danach fragen, was andere über mich denken.

Ich war noch ein Kind, als ein lauter Schrei von mir und ein dummer Scherz von dem Ausruf meiner Eltern begleitet wurde: „Was sollen denn die Nachbarn von uns denken?!“ Das habe ich später wohl so sehr verinnerlicht, dass ich viel zu oft nach der Meinung der anderen fragte: „Ich muss unbedingt den Rasen mähen. Die Nachbarn gucken schon so komisch.“ – „O wie peinlich! Keiner trägt hier so bunte Kleidung wie ich.“ – „Was wohl meine Kollegen dazu sagen?“ – „Hoffentlich kriegt niemand mit, dass wir in diesem Sommer nicht verreisen können!“ – „Wenn sich das herumspricht!“

Ich will nicht länger die Verwandtschaft, die Nachbarn oder meine Arbeitskollegen über mein Leben entscheiden lassen. Ich will meine Entscheidungen nicht von der Meinung meiner Mitmenschen abhängig machen. Ich will endlich selber entscheiden, wie ich mein Leben gestalte und was ich für wichtig halte.

Manchmal bin ich schon dann zufrieden, wenn sich meine Sorgen als unbegründet herausstellen.

53

Immer wieder mache ich mir Sorgen um die Kinder, um die Zukunft, um die Gesundheit, um das Geld und um vieles andere. Immer wieder! Und natürlich weiß ich, dass ich mit den Sorgen nichts ändern kann. Ich erreiche nur, dass es mir schlecht geht. Ich bin müde und abgespannt. Und ich fühle mich sehr gestresst!

Wenn sich dann eine meiner Sorgen als unbegründet herausstellt, freue ich mich natürlich darüber. Ich bin erleichtert. Doch leider hält das nicht lange an. Mein Grundproblem bleibt: Ich mache mir weiter Sorgen. Mir fällt schon immer wieder etwas ein!

Es gibt nur einen Weg, mir auf Dauer Erleichterung zu verschaffen. Es gibt in meiner Situation nur eine Möglichkeit, mich von diesem unnötigen Stress zu befreien: „Ich höre endgültig auf, mir Sorgen zu machen!“ Als mein Verstand das verkündete, hörte ich übrigens einen leisen Freudenruf meiner Seele.

Ich will damit aufhören, meine Mitmenschen zu erziehen.

Warum muss mir der Radfahrer auf der falschen Straßenseite entgegenkommen? Warum bringt die Lehrerin meinem Kind das Schreiben mit einer völlig veralteten Methode bei? Warum bedient mich der Kellner so unfreundlich und lustlos? Warum lassen unsere Nachbarn ihr Haus so verkommen? Warum antwortet er nicht? Warum kann sie sich nicht anständig kleiden? Warum macht er sein Auto nicht besser sauber?

Es gäbe immer etwas zu meckern. Und oft gerate ich in Versuchung, andere Menschen zu korrigieren und sie eines Besseren zu belehren. Doch erreichen würde ich damit gar nichts. Im Gegenteil! Erreichen würde ich nur, dass ich mich ärgern würde und innerlich angespannt wäre.

Es ist nicht meine Aufgabe, andere Menschen zu erziehen. Ich mache mir das Leben nur unnötig schwer. Ich habe genug damit zu tun, mich selbst zu erziehen.

Ich will nicht ständig in Angst leben, dass ich etwas versäume.

55 Ich hoffe, dass ich noch zu der großen Party eingeladen werde. Wann findet noch mal das Weinfest statt? Den Film heute Abend im Fernsehen darf ich auf keinen Fall verpassen. Wie heißt das neue Parfüm, von dem alle Welt spricht? Ob es wohl noch Eintrittskarten für das Konzert im Stadion gibt? Ich muss meinen Kindern noch unbedingt die Ausstellung zeigen. Die Sonderangebote gelten nur noch diese Woche. Bei der Premiere kann ich bestimmt interessante Leute treffen. Wenn ich mich nicht beeile, ist es zu spät. Ich weiß immer noch nicht, was ich am Wochenende unternehmen soll.

Es ist ein schwerer Job, immer informiert zu sein, wo etwas los ist. Es ist anstrengend, ständig auf Achse zu sein. Es bedeutet Stress, jedes Mal zwischen den vielen Angeboten das beste auszuwählen.

Ich könnte etwas versäumen? Ich glaube eher, dass ich vor dem Leben davonlaufe. Dabei will ich doch nichts lieber als leben!

Ich will öfter einmal Urlaub machen, und wenn es nur für ein paar Stunden ist.

Niemand kann ohne Ende arbeiten. Ich versuche es zwar immer wieder einmal, aber ohne Erfolg! Je länger ich arbeite, umso mehr lässt meine Konzentration nach. Und irgendwann zeigt mir mein Körper die rote Karte.

Niemand kann sich ständig nur mit einer Sache beschäftigen oder nur für einen Menschen da sein. Irgendwann wird das Leben völlig einseitig. Die Balance geht verloren und die Lebensfreude auch.

Irgendwann ist die Zeit für einen Urlaub gekommen. Irgendwann brauche ich eine Pause. Irgendwann muss Abwechslung her: Ich nehme einen Ortswechsel vor. Ich bewege mich. Ich erhole mich. Ich denke an etwas völlig anderes oder an gar nichts. Ich lasse mich ablenken. Ich laufe durch den Park. Ich freue mich auf ein leckeres Essen. Ich liege in der Sonne. Ich mache zwei Wochen Urlaub. Oder zwei Stunden.

Ab und zu will ich, so wie früher, barfuß über eine Wiese laufen.

Immer mehr habe ich zu tun. Immer schwerer lastet die Verantwortung auf meinen Schultern. Immer größer werden die Sorgen. Immer schwieriger erscheint es mir, die richtigen Entscheidungen zu treffen. Immer mehr vergrabe ich mich in meinen Pflichten und Aufgaben.

Immer mehr! Und zugleich nehme ich immer weniger am Leben teil. Ich habe vieles verloren: meine Fröhlichkeit, meine Spontaneität, meine Gelassenheit, meine Großzügigkeit, meinen Humor.

Manchmal habe ich Sehnsucht nach dem, was ich verloren habe: Ich möchte wieder völlig unbeschwert lachen können. Ich möchte mich wieder über die kleinen Dinge freuen. Ich möchte wieder Unsinn machen, ohne gleich zu fragen, was die anderen dazu sagen. Ich möchte wieder alles um mich herum vergessen können. Ich möchte wieder alles andere stehen und liegen lassen, weil ich von einer Sache so begeistert bin. Ich möchte wieder glücklich sein.

Manchmal staune ich über das Wunder, dass ich liebe und geliebt werde.

Ich klage oft über den Mangel an Wärme und Menschlichkeit in dieser Welt. Ich wünsche mir, dass sich die Menschen gegenseitig mehr achten und füreinander einsetzen. Ich wünsche mir mehr Freundlichkeit und öfter einmal ein aufmunterndes Lächeln. Und vor allem wäre mir wichtig, dass es mehr Liebe in der Welt gibt.

Es ist schlimm, unter Lieblosigkeit zu leiden. Doch habe ich wirklich Grund dazu? Mir fallen Menschen ein, die mir in Liebe verbunden sind. Sie bereichern mein Leben immer wieder. Ich denke an Menschen, die sich für mich einsetzen und mir Gutes tun. Und ich denke an alle, denen ich vertrauen und auf die ich mich verlassen kann.

Ich werde nicht nur durch die Liebe meiner Mitmenschen beschenkt. Auch ich liebe und auch ich freue mich, wenn ich für andere da sein kann. So ganz sollte ich diese Welt also noch nicht aufgeben!

Ich will öfter mit Menschen sprechen, die ich noch nicht kenne.

Wie oft sitze ich mit anderen zusammen im Zugabteil, kenne niemanden – und schweige! Wie oft stehe ich mit anderen an der Kasse und warte, kenne niemanden – und schweige! Wie oft sitze ich mit anderen zusammen am selben Tisch, kenne niemanden – und schweige! Wie oft sitze ich neben anderen, im Konzert, beim Arzt, in der Kirche, beim Vortrag, kenne niemanden – und schweige!

Manchmal schweige ich, weil ich mich nicht traue, jemanden anzusprechen. Manchmal bin ich zu träge dazu oder habe keine Lust. Manchmal bin ich ganz in Gedanken versunken. Manchmal denke ich darüber nach, was das wohl für ein Mensch ist neben mir.

Doch manchmal traue ich mich. Manchmal durchbreche ich das Schweigen. Manchmal wende ich mich dem Menschen neben mir zu. Und hinterher bin ich meistens völlig überrascht, was für ein interessantes Gespräch entstanden ist.

Besteht nicht auch die Gefahr, alles im Leben zu leicht zu nehmen? Bei mir nicht und bei dir auch nicht!

Manchmal spüre ich überdeutlich, wie mich vieles belastet und niederdrückt. „Du musst das alles leichter nehmen!“, sage ich dann manchmal zu mir selbst. „Mach dir nicht so viele Gedanken! Lache ruhig einmal über deine Sorgen! Belaste dich nicht mit unwichtigen Dingen!“

Dann kommt es vor, dass ich vorsichtig zurückfrage: „Darf ich das denn?“ Und ich schiebe eine Erklärung nach: „Man kann doch nicht alles locker sehen. Ich will doch kein Luftikus sein. Ich will nicht so einfach in den Tag hinein leben. Ich will nicht aufhören zu denken.“

Wahrscheinlich sind das unbewusst Ausreden, damit ich mich nicht verändern muss. Denn ganz ehrlich: So schwer, wie ich mir das Leben oft mache, besteht nicht im Geringsten die Gefahr, dass ich alles auf die leichte Schulter nehme.

Statt jetzt zu planen, wie ich das Leben eines Tages genießen kann, will ich es schon heute genießen.

Ich denke oft an die Zukunft. Schließlich arbeite ich jetzt vor allem deshalb so viel, damit es uns später gut geht und wir uns keine Sorgen machen müssen. Ich denke darüber nach, wie ich irgendwann einmal das Haus umbauen lassen kann, damit wir uns hier wohler fühlen. Ich nehme mir vor, später mehr für meine Gesundheit zu tun, damit ich lange fit bleibe. Ich denke an die Zeit, wenn ich nicht mehr arbeiten muss und tun kann, was ich gern möchte.

Doch ich lebe nicht irgendwann in der Zukunft. Ich lebe in der Gegenwart. Ich lebe immer wieder heute. Und heute möchte ich glücklich sein. Heute möchte ich tun, was mich begeistert und was mir wichtig ist. Heute möchte ich das Leben genießen. Und später? Später wird es mir sicherlich besser gehen, wenn ich heute schon gut zu mir bin.

Öfter als bisher will ich anderen Menschen fröhlich zulächeln.

Noch am Nachmittag denke ich an das junge Mädchen, das mir morgens in der S-Bahn zugelächelt hat. Noch Tage später fällt mir das dankbare Lächeln des Verkäufers der Obdachlosenzeitung ein. Ich denke zurück an das Lächeln der Marktfrau, die mir stolz eine süße Erdbeere zum Probieren gab. Ich denke daran, wie mir meine Kinder vorhin von der Gartenpforte zuwinkten, und bin selbst ein bisschen fröhlich. Selbst mein eigenes Lächeln im Spiegel heute morgen begleitet mich angenehm durch den Tag.

Wenn ich auf das Lächeln meiner Mitmenschen achte, werde ich meistens reich beschenkt. Eigentlich könnte ich davon etwas zurückgeben. Und ich stelle mir vor, wie die Zeitungsfrau und der freundliche Verkäufer noch am Abend daran zurückdenken, wie ich ihnen am Vormittag zugelächelt habe. Wäre toll, nicht wahr?

Ich will akzeptieren, was ich doch nicht mehr ändern kann.

63

„Was passiert ist, ist passiert." Diese einfache Wahrheit kann ich leider nur schwer akzeptieren. Im Gegenteil! Ich kämpft mit allen Kräften dagegen an: „Das kann einfach nicht wahr sein!" – „Wenn ich mich anders verhalten hätte, wäre bestimmt alles anders verlaufen." – „Vielleicht entscheidet sie sich ja doch noch anders."

Ich bin mit meinen Gedanken völlig in der Vergangenheit gefangen. Ich komme nicht von der Enttäuschung oder der Niederlage los. So bleiben keine Zeit und keine Kraft für die Gegenwart. So gelingt es mir nicht, wenigstens heute mit dem Leben fertig zu werden. Und ich habe bald zusätzliche Gründe, um morgen wieder zu fragen: „Warum musste das so kommen?" Ich verliere immer mehr die Freude und den Mut zum Leben.

Ich werde akzeptieren, was geschehen ist. Ich werde nicht ständig voller Zorn oder Traurigkeit zurückblicken. Ich werde alte Wunden heilen lassen, damit ich frei bin für das Leben heute.

Ich will nicht mehr Geld ausgeben, als ich verdiene.

Es ist heute völlig selbstverständlich, sich seine teuren Wünsche auf Kredit zu erfüllen. Der Staat macht es vor. Jahr für Jahr häuft er mehr Schulden an. Ein immer größerer Teil seiner Ausgaben wird allein für die Schuldzinsen benötigt. Wie lange das wohl noch gut geht?

In vielen Familien ist Geld das Thema Nummer Eins, weil zu viel ausgegeben wird. Immer mehr Menschen leben über ihre Verhältnisse. Sie verschulden sich, weil sie rauchen, zu häufig verreisen, zu viele Anschaffungen machen und lauter unsinnige, unnötige Dinge kaufen. Wie viele Familiendramen und persönliche Katastrophen sind allein darauf zurückzuführen! Wie oft gibt es Streit und dauerhafte Auseinandersetzungen wegen des Geldes!

Ich will meine Ansprüche herunterschrauben. Ich will nicht alles haben müssen, was mir angepriesen wird. Ich will nicht immer mithalten müssen. Ich will frei von Geldsorgen sein und das Leben genießen.

Manchmal muss ich nur zuschauen, wie verbissen viele Menschen durchs Leben laufen, und schon bin ich geheilt!

Bereits morgens auf dem Weg zur Arbeit fallen mir die vielen unfreundlichen, verbissenen Gesichter auf. Warum machen sich viele Menschen das Leben nur so schwer? Ich kann sie überhaupt nicht verstehen.

Im Fahrstuhl erfahre ich wieder das Gleiche: lauter in sich gekehrte, mürrische Gesichter. Ich spüre körperlich, wie unwohl ich mich hier fühle. Gibt es denn nur unglückliche, frustrierte Menschen in dieser Welt?

Kürzlich fragte mich eine Arbeitskollegin sehr direkt: „Was ist denn mit dir los? Warum siehst du so verbissen aus?“ Das saß! Und ich kam ganz schön ins Nachdenken. Bin ich denn kein bisschen anders als die anderen?

Seitdem versuche ich gleich frühmorgens, meinen Gedanken eine positive Richtung zu geben. Ich versuche, mich auf den Tag zu freuen und meine Wohnung mit einem Lächeln zu verlassen. Manchmal gelingt es!

Manchmal ist es besser, alles zu vergessen, was ich bisher gelernt habe.

Mein Kopf ist voll mit Dingen, die ich einmal gelernt habe. Ich habe gute und schlechte Erfahrungen gespeichert. Ich weiß immer noch, wie man einen Fahrradschlauch flickt und wie man das Farbband einer Schreibmaschine auswechselt. Ich weiß aber auch seit vielen Jahren, dass ich den Videorekorder nicht programmieren kann, dass ich mit den Nachbarn nicht reden kann und dass Schwarzwurzeln nicht gut schmecken. Und viel zu oft sage ich: „Das geht nicht!" oder: „Das habe ich früher schon einmal vergeblich versucht" oder: „So haben wir das noch nie gemacht!"

Ich will mich nicht blockieren lassen durch alte, negative Erfahrungen. Ich will bereit sein umzulernen. Ich will offen sein für neue Erkenntnisse. Ich will vieles noch einmal versuchen. Und ich will mich vom Leben immer wieder überraschen lassen.

Ich will nicht länger glauben, dass ich immer glücklich sein muss.

Die Werbung verspricht es mir. Bunte Magazine laden mich dazu ein. Der Zeitgeist säuselt es mir ins Ohr: Moderne Menschen sind erfolgreich und glücklich. Und das Glück ist endlich machbar. Ich muss nur die richtigen Dinge kaufen. Ich muss nur die entsprechenden Anleitungen beachten. Ich muss nur den richtigen Trends folgen.

Ich habe vieles versucht, um glücklich zu sein. Und trotzdem musste ich Niederlagen einstecken, war mit dem Leben unzufrieden und fühlte mich zu manchen Zeiten ziemlich unglücklich. Aber ich machte weiter auf der Suche nach dem Glück. Und wenn ich meinte: „Jetzt habe ich es ganz sicher!", dann war es schon wieder verschwunden.

Ich will mir keinen Druck mehr machen. Ich will nicht länger an das Märchen vom ständigen Glück glauben. Und wenn ich glücklich bin, dann will ich es intensiv genießen.

Ich will mich nicht länger für alles verantwortlich fühlen.

Muss ich wirklich sofort in die Schule fahren, weil mein Kind wieder einmal seine Schularbeiten zu Hause vergessen hat? Muss ich die Akten der Kollegen in den Schrank legen, damit es bei uns im Büro ordentlich aussieht? Muss ich die Nachbarin fragen, ob ich im Urlaub nach dem Rechten sehen soll? Muss ich immer bis zuletzt bleiben und den ganzen Abwasch machen? Muss ich immer anrufen und fragen, wann wir uns treffen? Muss ich immer einen Vorschlag machen? Wenn ich es nicht kann, dann tut es niemand? Ja und, wäre das so schlimm? Wenn ich nicht daran denke, wird es vergessen? Ja und? Wenn ich nicht sofort losfahre, dann bekommt mein Kind Ärger? Ja und? Vielleicht verlassen sich die anderen deshalb ständig auf mich, weil ich mich für alles verantwortlich fühle. Vielleicht werden sie selbst an den Termin denken, wenn sie sich nicht nur auf mich verlassen. Ich werde es schon bald sehen!

Ich will mir mehr Zeit nehmen, mit den Kindern zu spielen und von ihnen zu lernen.

Kinder können ganz schön nerven. Kinder machen Unsinn. Kinder machen Lärm und Schmutz. Kinder sind albern. Kinder sind ausgelassen und machen gefährliche Sachen. Kinder sind manchmal ungehorsam.

Und ich? Ich möchte meine Ruhe haben. Ich will etwas Sinnvolles tun. Ich wünsche mir Sicherheit. Ich vertraue auf meinen Verstand. Ich liebe Sauberkeit und Ordnung. Ich halte mich an die Gesetze und die Regeln unserer Gesellschaft. Ich bin oft ernst und nachdenklich.

Meine Güte, bevor ich jetzt vor lauter Sicherheit und Ruhe völlig erstarre, ist es höchste Zeit, wieder mit kleinen Kindern zu spielen. Nein, ich will nicht kindisch werden. Aber ich will von ihnen die Freude am Augenblick lernen. Ich will mich selbst vergessen, meine Probleme und Sorgen, meine Ordnung und Sicherheit und all die vielen kleinlichen Regeln.

Ich glaube, dass das Glück immer wieder einmal auch zu mir kommt.

Ich habe fast nie einen Grund mich zu freuen? Ich habe immer Pech? Bei mir läuft alles schief? Ich weiß gar nicht mehr, wie das ist, glücklich zu sein? Ich warte und warte und nichts geschieht? Ich bin wirklich kein Glückskind?

Ich kann mir auch selbst etwas einreden. Ich kann mich als Pechvogel bezeichnen, und meine Erwartungen werden sich erfüllen. Ich kann davon überzeugt sein, kein Glück zu haben, und werde wahrscheinlich Recht behalten. Ich kann mich selbst daran hindern, glücklich zu sein.

Ich will an das Auf und Ab in meinem Leben glauben. Ich will damit rechnen, dass ich genauso oft glücklich bin wie die meisten anderen Menschen. Ich will etwas für mein Glück tun. Ich will an das Glück glauben. Und ab und zu, da bin ich mir ganz sicher, werde ich richtig glücklich sein.

Ich will weniger tun als bisher, aber ich will es intensiver tun.

71 Überall glaubte ich, dabei sein zu müssen. Alles musste ich versuchen. Hiermit musste ich mich beschäftigen und damit. Das musste ich noch lernen und jenes. Diese Veranstaltung musste ich besuchen und viele andere auch. Mit ganz vielen Menschen wollte ich regelmäßig Kontakt haben und über jede Neuerung musste ich mich informieren.

Es war eindeutig zu viel. Ständig ärgerte ich mich darüber, dass ich nicht alles schaffte, was ich mir vorgenommen hatte. Ich konnte nichts richtig verarbeiten. Ich konnte mich nicht erholen. Und immer häufiger fühlte ich mich überfordert.

In Zukunft will ich weniger tun. Ich will nicht mehr überall dabei sein. Ich muss nicht mehr alles wissen. Aber das, was ich tue, will ich intensiver tun als bisher. Ich will mir dafür mehr Zeit nehmen. Und ich will öfter als bisher in die Tiefe gehen.

Ich will niemals versuchen, etwas mit Gewalt zu erreichen

Ich will gern alles dafür tun, um glücklich und zufrieden zu sein? Vielleicht würde ich schon bald feststellen, dass „alles“ zu viel ist. – Ich will alles für den geliebten Menschen tun? Wahrscheinlich würde ich ihn damit entmündigen oder erdrücken. – Ich will alles dafür tun, dass ich ein guter Mensch bin? Dann würden mich irgendwann meine Mitmenschen nicht mehr ertragen können. – Ich will alles dafür tun, um locker und gelassen zu sein? Dann würde ich mit Sicherheit genau das Gegenteil erreichen und bald völlig verbissen und verkrampft sein.

Ich will alles dafür tun? Alles ist immer zu viel. Ich will akzeptieren, dass ich nichts im Leben erzwingen kann. Kein Friede ist mit Gewalt zu erreichen, kein Glück mit übermenschlicher Anstrengung und keine Leichtigkeit mit einer Herde Elefanten.

Ich will nicht nur arbeiten, um eines Tages reich zu sterben.

73

Warum arbeite ich immer wieder mehr, als mir gut tut? Warum bin ich nie mit dem zufrieden, was ich verdiene? Warum überlege ich, noch eine weitere Lebensversicherung abzuschließen? Warum träume ich davon, im Alter viel Geld zu haben?

Ich glaube, es ist vor allem Angst! Aus Angst vor sozialem Abstieg und bitterer Armut habe ich ein großes Bedürfnis nach Sicherheit. Ich will einen sicheren Arbeitsplatz und sichere finanzielle Verhältnisse. Ich will mein eigenes Haus oder meine eigene Wohnung und Menschen, auf die ich mich absolut verlassen kann.

Doch ein erfülltes Leben hat immer mehr Seiten als Besitz und Sicherheit: Richtig lebendig fühle ich mich dann, wenn ich etwas Neues entdecke oder probiere, wenn ich ein Wagnis eingehe, wenn ich ein spannendes Abenteuer erlebe und wenn ich einmal meinen Kontostand und mein Sicherheitsdenken vergessen kann.

Manchmal setze ich mich ans Wasser, lasse die Beine baumeln und beginne zu träumen.

Ich habe festgestellt, dass es immer etwas zu tun gibt. Die Arbeit ist niemals fertig. Ich muss noch ein Angebot schreiben und verschiedene Telefongespräche führen. Der Rasen muss gemäht und die Wäsche gebügelt werden. Im Wohnzimmer liegen lauter Stapel Papier und Zeitschriften auf dem Fußboden. Die Einladungen müssen endlich verschickt werden. Die Kinder brauchen neue Schuhe. Im Keller kommt Wasser durch die Außenwand. Der Wagen muss zur Inspektion. Habe ich mich schon bei meiner Schwester bedankt?

Die Arbeit wartet auf mich. Darf ich auch einmal ohne schlechtes Gewissen gar nichts tun? Ich weiß oft keine Antwort darauf. Ich weiß nur, wie gut es mir tut, einfach nur auf einer Bank im Park zu sitzen und in den Himmel zu schauen. Ich weiß, wie es mich verändern kann, wenn ich für einige Minuten nicht an die Pflichten denke. Hinterher ist die Arbeit dann nur noch halb so schwer.

Am schönsten sind die Augenblicke, in denen ich alles andere vergessen kann.

75

Ich frühstücke und lese gleichzeitig in der Zeitung. Ich rede mit den Kindern und denke dabei an die Präsentation, auf die ich mich seit Tagen vorbereite. Ich schreibe einen wichtigen Bericht und denke zwischendurch immer wieder an den Ärger vom vergangenen Wochenende. Ich versuche, mich völlig auf das Gespräch zu konzentrieren, doch meine Gedanken springen von einer Sache zur anderen. Ich will den Blick über den Fluss genießen, doch ich sehe lauter Zahlenkolonnen vor meinem inneren Auge.

Dabei tut es so gut, im Augenblick zu leben: Ich spüre mich selbst und fühle mich lebendig. Ich konzentriere mich auf das, was mein Gegenüber mir mitteilen will. Ich lasse den Sonnenuntergang auf mich wirken. Ich habe jetzt nur für meine Kinder Zeit. Ich sehe dem geliebten Menschen in die Augen und alles andere ist unwichtig.

Immer häufiger stelle ich fest, dass ich schon mit sehr wenig zufrieden sein kann.

Manche Wunschliste wird größer und größer: ein neues Auto, dreimal im Jahr eine interessante Städtereise, Kleidung nach der aktuellen Mode, Auffrischung für den Weinkeller, ein Handy der aktuellen Generation, neue italienische Möbel im Wohnzimmer, Speisen im Gourmetrestaurant, Kunst und Schmuck, mal wieder neues Reisegepäck und endlich eine Designerküche, für die ich mich nicht schämen muss, wenn ich Besuch habe.

Ich habe lange Zeit gedacht, dass der Weg zum Glück über meine Wunschliste führt. Mit jedem neuen, teuren Stück glaubte ich, mir etwas Gutes zu tun. Doch heute weiß ich, dass ich mir etwas vorgemacht habe. Verdienen und das Geld wieder ausgeben wurde für mich zum Lebenszweck.

Wie gut, dass Glück andere Gründe hat: Vertrauen, Liebe, Glauben, Verzeihen, Dankbarkeit – und die Freude an den kleinen Dingen.

Ich will nichts vom Leben erwarten – und doch alles!

Falsche Erwartungen können das Leben unnötig schwer machen. Die Suche nach dem Traummann oder der Traumfrau kann mit der großen Enttäuschung enden, niemanden zu finden. Die Erwartung, eines Tages ein gefeierter Star zu sein, wird sich wahrscheinlich nie erfüllen. Und das Luxushaus am Meer, die ständigen Glücksgefühle, das regelmäßig steigende Einkommen, die absolute Harmonie, völlige Sicherheit, allgemeine Anerkennung und ewige Jugend – das alles werde ich wohl nie erreichen. Doch ich setze mich mit diesen Erwartungen unter Druck. Ich kann nur verlieren, auch wenn ich mich noch so sehr für diese Ziele einsetze.

Also werde ich mein Glück nicht davon abhängig machen, dass sich irgendwelche bestimmten Wünsche erfüllen. Resignation? Überhaupt nicht! Ich freue mich auf ein interessantes, erfülltes Leben. Und ich bin gespannt, was mich alles erwarten wird.

Rainer Haak bei Herder:

Zum Glück geht's geradeaus.
101-mal Ja zum Leben
ISBN 3-451-27810-3

Gute Wünsche zum Geburtstag.
101-mal Ja zum neuen Lebensjahr
ISBN 3-451-27534-1

Zum Glück bist du einzigartig.
101-mal Ja zu dir
ISBN 3-451-27671-2

Zum Glück gibt's Freude.
101-mal Ja zur Lebenslust
ISBN 3-451-27767-0

Zum Glück gibt's Dich.
101-mal Ja zur Freundschaft
ISBN 3-451-27970-3

Zum Glück gibt's Wunder.
77-mal Ja zum Reichtum des Lebens
ISBN 3-451-28049-3

Zum Glück gehört Zeit.
77-mal Ja zum Innehalten
ISBN 3-451-28131-7

So schmeckt das Leben
Meine besten Glücksrezepte
ISBN 3-451-28302-6

Liebe dein Leben
weil du Geburtstag hast
ISBN 3-451-27972-X

Liebe dein Leben
und finde dein Glück
ISBN 3-451-27973-8

Liebe das Leben
und vergiss die Sorgen
ISBN 3-451-28050-7

Liebe das Leben
und nimm dir Zeit
ISBN 3-451-28051-5

Liebe das Leben
und sei gut zu dir
ISBN 3-451-28132-5

Informationen über Bücher und Veranstaltungen von Rainer Haak
erhalten Sie im Internet unter: www.rainerhaak.de

www.herder.de
Einbandgestaltung: Hermann Bausch, Freiburg i. Br.
unter Verwendung eines Motivs von Jörn Sackermann
Satz: Layoutsatz Kendlinger, Freiburg i. Br.
Reproduktionen: Rete Repro GmbH, Freiburg i. Br.
Herstellung: fgb · freiburger graphische betriebe 2004
www.fgb.de
ISBN 3-451-28281-X